Ingeborg Bauer

Portugal
Lyrisches Kaleidoskop

Für Siegfried

Ingeborg Bauer

PORTUGAL -
Lyrisches Kaleidoskop

Fotos: Siegfried und Ingeborg Bauer
Layout: Ingeborg Bauer

Bibliografische Information der Deutschen Nationalbibliothek:
Die Deutsche Nationalbibliothek verzeichnet diese Publikation in der Deutschen Nationalbibliografie; detaillierte bibliografische Daten sind im Internet über < http://dnb.d-nb.de > abrufbar.

Herstellung und Verlag: BoD - Books on Demand, Norderstedt
ISBN: 978-3-744890526

PORTUGAL – Lyrisches Kaleidoskop

Inhalt:

PORTUGAL 2005 - Gedanken zu einer Reise

PORTUGAL 2017 - Wandern in der Algarve

Vicentinische Küste:
Spitzenbesatz in Portugals Süden

Cabo São Vicentina - der westlichste Punkt Europas

PORTUGAL 2005 – Gedanken zu einer Reise

Anreise im Flugzeug

Vom Flugzeug aus
wird die Landschaft zum Teppich
nur die höchsten Gipfel ragen heraus
unsere Stadt ist ihrer Hügelstruktur
verlustig – die Steile wirkt abgeflacht
und verändert die Perspektive:
Häuser wie kleine Bausteine
und in solcher Zahl, wie ich sie mir
als Kind zum Spielen gewünscht hätte.
Lauter kleine Steine, die die Topografie
unserer Stadt ausmachen, gerastert
und ähnlich wie die gleichen
ungleichen Steinchen in Mosaiken,
verwandt den portugiesischen Azulejos,
die sich aneinanderreihen lassen
zu einer Monotonie des Stetigen,
die ohne das Einzelne
nicht bestünde.

Den Mosaiken der bebauten Flächen
folgt das Patchwork der Felder,
die sich um die Verdichtungen
von Häusern und Straßen gruppieren –
schöne Muster auf dem Modell
von Spinnennetzen beruhend,
mit Flächen, die zunächst mit grünen

und ockerbraunen Tönen gefüllt sind,
bis das Gelb der Rapsfelder sich
alle andere Farbigkeit unterwirft.

Dann schließt sich der Vorhang,
wir sind über den Wolken
in einer Helligkeit von Blau,
die monochrom strukturlos
künstlich erscheint und kalt.

Lissabon

In Lissabon
dominieren zuweilen - anders als
in vom Islam beherrschten Ländern -
die Fenster, die hochgeschossenen Fassaden
schlaksig und schlank
mit farbig scharf umrissenen Augen, die
wie in heftig geschminkten Gesichtern,
diese betonen - und doch stehst du
vor blinden Scheiben, die deine Blicke
abperlen lassen wie tränenden Regen -
und die Träume ihrer Bewohner
bleiben dir fremd wie ihre Tränen.
Die hochgetürmten Fassaden
bewahren die Stille
trotz des Lärms in den Gassen.
Nur die flatternde Wäsche
kündet vom Alltag
der Menschen.

Lissabon - Eindrücke

Grell-leuchtend und üppig die Bougainvillea
über den hellen hohen Häuserzeilen.
Der Blick schweift hinauf
zur grünen Insel um das Kastell
und hinunter zum graublauen Tejo,
zur ihn in hohem Bogen umspannenden Brücke -
bei halb geschlossenen Augen
könntest du in den Booten die Karavellen
von einst wiedererkennen.

Talha Dourada

Die Kirche des Heiligen Rochus
erschlägt einen mit diesem
in Gold getauchten horror vacui –
die Hölzer Brasiliens in hochbarocke
Formen geschnitten, die das Holz
zu überwuchern, aus ihm zu quellen
scheinen wie die unzähligen
Kindchengesichter der Putti
aus dem üppig schwellenden
Gewand der Madonna, als
ginge es um die Fruchtbarkeit
einer archaischen Muttergöttin –
und dieses Gold, das dann
dem Armenhaus Portugal fehlte!

Die portugiesische Fahne
rot und grün mit dem Wappen
als Emblem: den sieben
portugiesischen Burgen
und den fünf Wundmalen Christi -
so steht der Traum
im Kontext von Leiden –
die portugiesische Saudade –
Straßenlaternen künden
mit ihren ausgestreckten Armen
von Portugals großer Zeit –
die Karavelle weist hin auf das Licht,
das Gold aus fernen Landen,
das kam und ging
und Portugals Kirchen vergoldete,
die Menschen aber letztendlich
in Armut zurückließ
und mit der Sehnsucht
nach der Erfüllung
von diesem großen Traum.

Das große Beben erschütterte
im Jahre 1755 ganz Europa.
Es zerstörte die Stadt am Tejo
die Kirchen der Algarve
und ließ in Europa Monumente
anderer Art wackeln.

Lissabon verdankt einem
diktatorisch auftretenden Manne
ein Schachbrettmuster
weiter Straßen, das ins Innere
der verwinkelten engen Gassen
stieß und der Großstadt
ein angemessenes Flair gab,
ihren in Armut lebenden Menschen
freilich recht fremd war.

Die Häuser in der Alfama ragen
in die Höhe und neigen sich
vor engen schattigen Schluchten,
in denen der Putz bröckelt und
wie die Azulejos Patina aufweist,
Balkongitter, die schon bessere Zeiten
gesehen und Pflanzen, die rührend
Grünes verströmen – und
festungsgleich die Mauern
der Kathedrale.

Licht und Schatten

Die vergitterten Fenster
legen lichte Schatten
auf die Landschaften, die der
modernde Putz zeichnet –
scharf umrissene Kontinente,
die Küsten Afrikas und Brasiliens,
tauchen auf
als Zufallsprodukte von
Licht und Schatten.

Blauweiß geflieste Geschichten,
die sich vom Putz abheben
künden von vergangenem Wohlstand,
und gute Geschäfte verraten
- von Arabesken umrankt -
Gewichte und Waage.
Das Handwerk gesellt sich dazu
in blauweißen Zitaten.

Grün wächst, wo es will,
nicht nur aus den Ampeln
unter Laternen,
den minuziösen Balkonen.
Vom Dachtrauf herab
ergießt sich das Grün,
und grenzt auch
direkt an den Himmel.

Dieser weiche warme Stein,
der das südliche Licht mildert
und maßvoll Wärme speichert -
und wenn in diesem
gedämpften Licht
dann noch lautlos Wasser fließt
aus einem Brunnen ...
dann hörst du vielleicht
Klänge des Fado oder
Verse des Dichters Pessoa.

Im Klarissenkloster beginnt für uns
die lange Reihe der Kreuzgänge
Portugals - Wandelgänge um eine Mitte,
in der sich die Achsen kreuzen
der viergeteilten Welt - Orientierung
nach den vier Winden - hier steht
der Brunnen zentral, ist Quell des Lebens
und Symbol des Ursprungs.

Im kleinen Kreuzgang oben,
im Innern der Schale,
vor dem Ewigkeitsmuster
der maurischen Kacheln
Prinz und Prinzessin von heute
als lebendes Bild
in Regungslosigkeit erstarrt -
nur so lässt sich die Illusion halten:
die Turnschuhe allein enthüllen
das aus seinem Kontext gelöste Zitat.

Wie das Goldene Zeitalter sich niederschlägt
in den Kolossalgemälden der Azulejos,
wie Wesen mit Affengesichtern
sich nach höfischer Sitte ergehen
vor einer römisch geprägten Stadtlandschaft,
wie der Mythos des Meeres
sich in Gestalt von Tritonen und Nereiden
in einer Wasserwelt lustvoll ergeht –
der fremde Mensch einer neuen Welt
auf der Jagd nach exotischen Tieren,
Karavellen im Kampfgetümmel
portugiesischer Geschichte.
Lissabon und der Tejo
vor historischer Kulisse -
blauweiß arrangierte
Azulejosgeschichte.

Azulejos - einstmals und heute

Diese kleinen polierten Steinchen
formen die Sternenhimmel
maurischer Paläste.
Jeder Stein ist verbunden
mit dem Ganzen, jeder Stern
mit dem Sternenhimmel,
einer Unendlichkeit,
die sich nie völlig realisiert,
doch die Fragmentierung selbst
verweist auf das unfassbar Ganze.

In späteren Stufen
wachsen die Kacheln zu Wänden
und erzählen blauweiße Geschichten,
ohne doch ihre Zersplitterung
zu kaschieren, so dass wir
ständig gewahr sind
des Auseinanderfallens der Bilder
von der Welt und von unserem Ich.

Moderne Azulejos

Auf die Spitze gestellt
einer undeutlichen Ordnung
gehorchend -
Teile eines Puzzles -
aus alten blauweißen Geschichten,
herausgelöste Splitter,
florale Zeichen,
Arabesken, Flügel
und einmal nur
ein menschliches Gesicht -
so rückt Geschichte
in den Bereich des Rätsels,
so werden Spolien
in einem neuen Kontext bewahrt:
Blauweiße Azulejos
auf den Kopf gestellt.

Skulpturengruppe

Einer steht Kopf,
wenn alle sich
ergeben.
Einer verweigert sich,
wenn alle jubeln.
Einer steht Kopf
mitten in der Welt.

Das Gesicht als Fragment

Die Maske ist beschädigt
an den Rändern zerbrochen
aus der Form geraten
fließend im Flusse
als feire sie die Schönheit
des eigenen Untergangs.

Vom Wandel des Weltbilds

Landkarten der Frühe sind Ideogramme.
Die Vorstellung von der Welt
formte das Weltbild,
weniger die Er-Fahrung.
Landkarten und Weltbilder
sind einem Wandel unterworfen,
doch verweist allein schon
das Wort Orientierung auf das Schlagen
des Herzens im Osten, von wo der Mensch
ausrückt an die Ränder,
die Grenzen der Welt.
Dort jenseits von Herkules' Säulen
werden Abgründe vermutet, dorthin
verlegt Dante den Einstieg zur Hölle.
Doch lassen sich vom Rande aus
leichter die Segel setzen.
Die Ungewissheit beginnt ohne Umschweife.
Das Abenteuer steht unmittelbar bevor.
Wagemutig ziehen sie aus - und o Wunder,
kehren zurück aus der Fremde,
selbst zu Fremden geworden.
Der Radius wird erweitert
um eine undeutlicher
sich anmutende Nabe.

Die Zeichner von Landkarten
müssen die Ränder erweitern,
Linien ziehen ins noch unzureichend
Bekannte, Linien, die ständig
berichtigt und so ihres transzendenten

Ursprungs entkleidet werden -
womit einhergeht, dass
die innere Landkarte des einzelnen
der äußeren angepasst werden müsste,
was länger währt und schmerzhaft
empfunden wird - denn die Psyche
des Menschen trennt sich nur schwer
vom einmal als wahr und wirklich
Geglaubten.

Vom Mittelpunkt der Welt

Dem Kind wurde gesagt,
die Welt sei eine Kugel.
Das Kind hatte einen Ball,
der entsprach einer Kugel -
und fragte nun, wo genau
in diesem Ball es sich befände,
im Innern oder mehr außen -
man verstand nicht,
was das Kind meinte.
Es wünschte sich, in der Mitte
des Balles zu sein,
sozusagen nahe dem Herzen.
Es glaubte sich dort
am ehesten geborgen.
Wie enttäuscht war das Kind,
als es begriff, dass sich alles Leben
an der Oberfläche abspiele,
es keine Mitte gäbe:
eine Art kopernikanischer Wende
im Leben des Kindes.

Das Fragmentarische der Utopie

Dieser Drang nach dem Unendlichen,
der fast zwanghaft
und in Konsequenz
unwillkürlich
ins Unvollendete,
ins Offene des Fragments führt -
in die unendliche Zahl der Sterne,
in die unvollendeten Kapellen von Batalha -
dieses Alles-Wollen,
dieses Alles-Begreifen-Wollen,
das notwendigerweise
unerreichbar und
utopisch im Traum verharrt.

Die Manuelinik
erscheint mir recht eigentlich
als Teil der portugiesischen
Saudade: diese Paradoxie
des Empfindens,
dieses Auseinanderfallen
von Wunsch und Wirklichkeit,
diese Zersplitterung von
Ich und von Welt.
Splitter, die bei Pessoa hart wie Diamant,
eine gemeinsame Fassung verweigern.
Die stets sichtbar bleibenden Ränder
der Azulejos in den großen Gemälden!
Sie sind die Leistung von Pessoas „anderen",
die sich eher in die äußere Wirklichkeit
zu fügen wissen.

Bélem - Bethlehem:
das Hieronymoskloster

Hier steht die Wiege
von Portugals großer Zeit.
Der Löwe am Brunnen
hat seine Vision bewahrt,
blickt in eine, mit dem Auge
nicht wahrnehmbare Ferne,
die der Kreuzgang als Mikrokosmos
einer einströmenden neuen Welt
bis heute bewahrt.
Unglaublich, so rasch
das Fremde in das Eigene
einzubinden, eine neue
Ordnung und zugleich
ein Meisterwerk zu schaffen.

Armillarsphäre

Portugiesische Seefahrer
überschreiten die Grenzen,
die das Meer dem Menschen setzt
und bringen so eine Ordnung
ins Wanken: die Welt weitet sich,
das Quadrat wird zur Kugel,
die Fläche zum Raum und
der Kosmos dringt ein
in das irdische Maß.

Königin Leonor

Sie brachten ihren
toten Sohn
in einem Fischernetz.
Sie musste es ertragen,
den Tod und das Netz.
Und sie fügte das Netz
zum Gedenken ein
in ihr Wappen, auch wenn
sie selbst dieser Geste
des Bewahrens nicht
bedurfte, so riss sie
den Sohn und den Schmerz
doch heraus aus dem Strom
des Vergessens.

In den tropischen Gewächshäusern
von Lissabon wachsen
Akanthusblüten
zu Kerzen empor,
lächeln versteinert die Nymphen
aus dem halbdunklen Grund,
strukturiert von Kakteen
und den lichten Fächern der Farne.
Aus dem wuchernden Grün
rankt eine Bougainvillea
den gläsernen Gittern entgegen
und Strelizien hoch wie Bäume,
diese floralen Paradiesvögel,
schwingen sich hinauf in die Lüfte,
vermitteln zwischen Himmel und Erde
wie die kleinen Vögel, die
mit ihrem Gezwitscher
diesen tropischen Raum füllen.

Évora

Évora brüstet sich mit etwas,
das nicht das ihre - oder
doch nicht mehr -
römische Säulen
eher dem Augustus
als der Diana geweiht,
eingeschwärzte Fremdkörper
in dieser weich-weißen Stadt,
die wie ein Brennspiegel
die südliche Sonne aufnimmt -
ein paar maurische Bögen
und die Farbigkeit
exotischer Blüten
sind Zitate einer Vergangenheit,
die sich rundet in dem
Rad schlagenden Pfau.

In der Kathedrale von Évora

Diese farbigen Engel
aus dem Regenbogen
auf unsichtbarer Leiter
herabgestiegen,
als Versteinerungen
ihrer selbst in den Kirchen
zu den Menschen getreten
oder doch fast, denn auch hier
wahren sie Abstand.
Engel, diese zauberhaften
Wesen, die niemand kennt
und niemand begreift
und mit denen wir zuweilen
wie Jakob kämpfen,
denen wir träumend
begegnen.

Skulpturen in Évora

Der Bruch hält die beiden
Körper zusammen,
sie teilen sich ein Auge,
das über Brunnen und Ebene blickt.
Ein Netz von Adern überzieht
sich verdichtend verdunkelnd
die geglättete Haut,
die aufhellend errötet.
Der Bruch aber kettet
die ungleich Gleichen
aneinander.

Eine Flamme flackernd
im weißen Licht -
Fackel und Feuer -
der roh belassene Stein,
wie er wächst aus dem
rotgeäderten Stamm,
der gehäutet
seine Maserung bloßlegt,
ausgeblutet
wie die Korkeichen
in der Ebene.

Das Paar unter Bäumen
aus dem Stein gebrochen
zu einem Körper gefügt
die Fugung belassen
der unbehauene Rücken
kämpft mit der geglätteten
Front: Zivilisation
wächst aus dem
Zwiespalt: Dionysos
als Gegengewicht zu Apoll.

Gasse in Évora

Alle Helligkeit wird reflektiert
von den weiß gekalkten
Wänden der Straßenschluchten,
die das Pflaster in Dunkelheit
tauchen. Des Nachts
leuchten vereinzelt
Laternen. Ihr Licht
wird Aladins Lampe
gleichen, und das alte
römische Mauerwerk
aufleuchten lassen.

Tomar

Mein Blick ruht
auf dem Wasser
das unbewegt
den Schwan trägt,
diesen Märchenvogel
aus einer traumgetränkten Welt -
am diesseitigen Ufer zwei Palmen,
als seien sie einer gemeinsamen
Wurzel erwachsen und drehten sich
um dieselbe Achse, denselben Punkt -
unbeweglich bewegt
in den Augenblick versunken,
Dauer atmend.

Am Abend dann kreisen die Schwalben.
Des Nachts quaken die Frösche und
der Fluss liegt in leichtem Dunst.
In meinem Rücken verborgen
die Burg der Tempelritter - und
dann am Morgen erleben,
wie das Licht durch die sieben
Kreuzgänge wandert,
die Stunde bezeichnend:
eine lebende Sonnenuhr.

Die Rotunde der Templer

Die Rotunde folgt dem Bilde
der Grabeskirche und
mit ihren sechzehn Segmenten
nähert sie sich der Vollkommenheit
des Kreises. Der Zauber von Byzanz
und das Licht aus dem Osten
und diese Engel - männlich und aufrecht
Kämpfer mit Schild und Stab
und abgehoben auf ihren Sockeln –
haben sie doch nichts gemein
mit den Kindergesichtern
der Putten, die ihrerseits Schutz suchen
unter dem Mantel der Madonna.

So wandelt sich die Vorstellung
vom Engel mit den Zeiten.

Das Labyrinth von Tomar

Sieben Kreuzgänge haben sich
zueinander gefügt -
über Gänge und Stufen
folgst du den Zeiten,
findest dich in unterschiedlich
gestimmten Räumen,
gehst in die Irre und
wandelst im Kreise,
tust Blicke, verweilst,
nimmst Veränderungen wahr
aus veränderter Perspektive
und kommst immer wieder
zu diesem Fenster zurück als dem Kern,
dem aus dem Zentrum gerückten Rätsel,
dessen Lösung dir nicht gelingt.

Manuelinik

Als habe sich der Tang der Meere
um die Säulenschäfte gewunden,
als wären Taue und Ketten vonnöten,
ein solches Bauwerk zu verankern,
als könnten die locker verknoteten Taue
der Zerstörung Einhalt gebieten und
den Zeitläuften Festigkeit verleihen,
als suche der Mensch Halt
bei den Wurzeln, die doch selbst
schon entwurzelt erscheinen,

als könnten Knoten jeglicher Art
halten, was unhaltbar
erscheint.

Batalha -
und die Offenheit, in den Himmel zu wachsen

Eine Festung mit reichlich Spitze,
geklöppelt, geknotet die filigranen Muster -
im Kreuzgang ziseliert die schlanken Säulen,
die der Blick mit den manuelinischen Gittern
verwebt. Beschattet der Brunnen:
aus drei empfangenden Schalen
trifft im dunklen Spiegel
dein Auge das Ornament.
Kühner und unmittelbarer
zum Himmel verblauen die Pfeiler -
über maurisch anmutenden Bögen
aus warmem ocker getöntem Stein.
Das Unvollendete ist Bruchstück
und Ganzes und weist
über sich selber hinaus.

Coimbra

Ausgerechnet in Coimbra
fesselt mich die Gebärdensprache
der wenigen Bäume
im Innenhof der Universität
und die zweifelhafte Legende
von den Fledermäusen,
die des Nachts in der alten
Bibliothek rumorten,
Nachtschwärmer
wie die Studenten.
In den Regalen prächtige Bände -
eine Ordnung in Zeilen und Lettern,
die beim Bau des Gebäudes
schon nicht mehr zu halten war -
warum fasziniert mich die Leiter?
Ist auf ihren Sprossen
Erkenntnis zu gewinnen?
Bücherwürmer fressen sich
ins Innere. Ob in den Hohlräumen
Wesentliches als Leerstelle erscheint?
Auf den Türmen einer Kirche
Hahnengeflüster -
das Gefieder des einen
reichlich zerfleddert.
Selbst in der Eremitage
einer Kirchturmspitze
erscheint das Leben
als Kampf.

Conimbriga

Das römische Conimbriga
bestrickt durch seine Mosaiken,
die sich weitgehend entfernen
von den Erzählungen der Alten
und sich die Abstraktion
zum Thema machen -
wohl dominieren Mäanderstrukturen,
Sonnenräder und Labyrinthe,
letztere als Symbole des Mythos
für den Weg des Menschen
mit der Möglichkeit der Umkehr,
einer neuen Perspektive.
Doch sind augenscheinlich
die alten Götter verschwunden.
Der Mensch versponnen, verwoben,
in ein Netz verknotet,
gebunden, gekettet -
ein moderner Gedanke:
die Bruchstücke der kleinen Steinchen
geformt zu labyrinthischen
Fingerzeichen von Lebensentwürfen.

Auch der Schutzwall, der
mittendurch führt und
die Siedlung entzweit,
kündet von der Angst der Bewohner,
überrollt zu werden,
diese Angstmauer bei Beibehalten
von Luxus und Lebensart,
wir sind bei alten Verwandten.

Der Wald von Buçaco

Noch halten sich die Regentropfen
in den Zweigen. Ein wild verwunschenes
Wachsen nimmt uns an die Hand.
In Stufen folgen wir auf mäandrierenden Pfaden
der Trauer tragend weißen Blume
hinein in dschungeldichten Farn - und stets
den lichtdurchwirkten Gräten ihrer Fächer
hingegeben, so steigen wir
aus scheinbar ungeordnet Wildem
vorbei an arrangierten Wasserspielen
hinauf zu der nach Rodung
akkurat beschnittenen Fläche und
in die Symmetrie der grünen Heckenpfade,
aus der die Formen noch sprechen von
jener goldenen Zeit, so üppig wuchernd,
jede Lücke meidend. Und Mythen
wehen dich an und wollen nach dir greifen,
als träten Goyas Schreckgespenster
heraus aus ihrer Zeit in diesen,
von schweren Träumen aufgeladenen Raum.

Guimâraes

Einen Mangel an Authentizität
beklagt José Samarago
in Guimâraes - und so versuche ich
erst gar nicht, das Kastell vom Grün
der hohen Bäume zu befreien.
Aus den Granitkolossen des Grundes
wachsen freilich granitene Mauern -
Stein bleibt Stein -
aus einer Spalte dazwischen jedoch
wächst ein Baum, der nun durchlichtet
im Schatten seiner Umgebung
für mich zum Symbol wird für diesen Ort,
der sich mit dem Titel rühmt,
die Wiege der Nation zu sein.
Afonso Henriques wandelte
auf diesen Steinen - und wie Samarago
tröste auch ich mich
mit dem steinernen Pfad,
auf dem die Hufe des Pferdes
einstmals aufschlugen:
Himmel und Erde waren
auch damals die Grenzen des Raums.

An der Kathedrale von Guimãraes

Figuren archaisch reduziert,
den Strichmännchen der Kinder verwandt,
empfehlen dem Vorübergehenden,
seine Zunge zu hüten, und verweisen
in primitiver Körpersprache
auf die üblen Folgen von Klatsch.
Empfohlen wird das stille Gebet.

Braga

Man sagte uns: Braga bete -
und dachte nicht an Fußball und
dass ein Sieg stundenlange
nächtliche Triumphzüge auslöse
mit Hupkonzerten und Trommeln
mit Fahnen und der Akrobatik
von Menschen jeden Alters
in überfüllten Automobilen -
im Ganzen wohl friedlich verlaufend,
ging es doch um ein Fest,
eine große Parade, wo jeder mit jedem
Gemeinsamkeit zur Darstellung brachte -
und da möchte der Reisende
ermüdet vom Tage schlafen -
welch ein Ansinnen!

Braga: Wallfahrtskirche
Bom Jesus do Monte

Es war das fehlende Licht
auf diesem Arrangement
der sechshundert Stufen.
Ich habe sie nicht gezählt
und sie auch nicht
im Bußgewand erstiegen.
Doch wäre die Symmetrie
hier zu feiern, der Glaube,
dass rechts und links in sich
versänken, halte man sich
an die Mitte, den Pfad der Tugend,
und wasche sich an den Brunnen,
die den fünf Sinnen gewidmet.
Man halte sich auch an das Wort
der Propheten und übersehe nicht
das zwinkernde Auge der Musen.
Oben angekommen ist
dein Kreislauf gestärkt
und du gedachtest
deiner fünf Sinne.

Citania de Briteiros

Die Wege hügelaufwärts
erinnern an Gournia.
Wege erinnern immer
an andere Wege,
früher beschrittene -
und diese alten Pfade
in ihrer Unebenheit,
ihrer körperhaften Beschaffenheit
lassen uns metaphorisch
in die Fußstapfen treten
von Menschen, die lange vor uns
hier lebten. Diese roh
zusammengefügten Steine!
aufgeschichtet zu Mauern, die
von Moosen und Flechten bedeckt,
von Gras und Blumen überwachsen,
verwittert, vernarbt
wie die Stämme der Bäume, die
wie Amphibien schuppig oder
großporig wie Elefantenhaut,
doch ans Alter dieser Steine
nicht heranreichen.

Porto

Hat man es in Lissabon zu tun
mit einer Liegenden, die sich
lasziv der Sonne des Südens hingibt,
so steht Porto aufrecht und aktiv im Leben.
Seine Häuser sind schmal und rührig
und ganz eingepasst in die Vertikale.
In wechselnden Farben recken sie sich
nach oben zur Kathedrale, wo der Blick
schweift über Dächer und Schluchten
hinab zum Douro, dessen Brücke um soviel
verbindlicher die beiden Ufer vereint.

Mittagszeit an der Ribeira:
Die schmalen hohen Häuser
fangen wie ein Brennspiegel
die Sonnenstrahlen ein.
Von Balkonen hängen die Laken.
Die rostigen Balustraden können sich
trotz ihres ornamentalen Geschmeides
gegenüber der Vertikalen nicht behaupten.
Und die runden Fernsehschüsseln
erscheinen als kleine weiße Sonnen.
Lebendige Geschäftigkeit kennzeichnet
das Leben am Fluss.

Im Kreuzgang der Franziskaner
mischen die weißblauen Azulejos
antiken Mythos unverkrampft
mit christlichen Geschichten.
Und der Heilige blickt sehnsüchtig
mit schräg nach oben geneigtem Haupt
in der von portugiesischen Dichtern
häufig beschriebenen Geste der
Saudade - offenbar sind in Portugal
auch die Heiligen davon ergriffen.

Schulkinder in Portugal
bei ihrem Outing
fassen sich an den Händen -
zwei und zwei,
so bleibt keiner
allein.

Alcobaça - das Himmlische Jerusalem
        der Zisterzienser

Der Kirchenraum

Selten erreicht eine Kirche der Zisterzienser
diese gewaltige Höhe und in Portugal zumal
diese Schlichtheit!
In den Seitenarmen der Vierung
ruhen die prunkvollen Särge
der unglücklich Liebenden
nicht nebeneinander, *)
sondern so, dass ihre Blicke
dereinst sich begegnen, sollten sie
aus ihrem ewigen Schlaf erwachen,
sie, die im Tode ihrem Schicksal nun trotzen.
Engel erscheinen als Tröster
der schwergeprüften Frau.
Ihrer gedenkend hat eine Künstlerin
ein mit Blut getränktes Hemd
im Dormitorium der Mönche aufgehängt.
Den Sarkophag tragen ins Tierische
verweisende Fratzen, zwischen denen es
zu keiner Verständigung kommt.
Auch die Löwen am Fuße des Sarkophags
von Pedro verharren in Schweigen.
Königliche Macht vermochte den Mord
an der geliebten Frau nicht zu verhindern.
In der Rosette, dem Rad des Lebens
nachempfunden, das glückliche
glücklose Leben der beiden,

deren Geschichte nur schwer sich erschließt -
auch hier die abgeschlagenen Häupter!

*) Pedro I. und Ines de Castro, eine unglückliche
Liebesgeschichte. Die Prunksarkophage von 1360 sind
Meisterwerke der gotischen Bildhauerkunst in Portugal

Auf den abgetretenen Steinplatten,
der blankgeputzten Glätte
von Jahrhunderten,
Einkerbungen, vernarbte Verwundungen
und überdauernd zwischen den
Steinmetzeichen von einst
das Kreuz.

Alcobaça - der Kreuzgang

Unten im Dunkel
im Schutz vor der Sommersonne
gehst du auf dem von vielen Füßen
glatt polierten Stein -
aus kühler Strenge
fällt dein Blick auf das Grün
üppiger Orangenbäume, die
ihre Früchte bescheiden beschatten.
Leicht und beschwingt
ein zweites Stockwerk
mit manuelinisch zarten Säulen -
ein neues, ein leichteres
Lebensgefühl, und dich überkommt
die Lust zu verweilen, auch lockt

das Gespräch - und welche Durchblicke
auf die barocken Helme der Türme!
Wasserspeier und Fratzen,
wo nicht vermutet, gaffen dich an.
Die Sonnenuhr ohne Stab
hält den Augenblick
stetig für immer!

Obidos – Sommer

Der Schatten auf der
weißen Mauer - der Wind
treibt
sommerliches Spiel.

‚Mönche und Nonnen' -
die vom Wetter und von Flechten
eingefärbten roten Dachziegel -
eine Patchworkdecke
mit der Lineatur
der frisch getünchten Kamine
und Mauern, der Baumkronen
und gelben Zitrusfrüchte und
irgendwo eingekeilt prunkend
das Kirchenportal.
Alles umrundend
der Spitzenbesatz der Zinnen,
der Wehrgang, der den
Jahrhunderten getrotzt.

Das Meer - Sandstrand bei Cascais

Überraschend klar herrscht
die Horizontale. Die Brandungslinien,
die anschwellen, ausfransen,
sich erregend überschlagen -
Klangnotationen.
Ein Sich-Aufbäumen
weit ab von jeder Begründung
den Sandstrand
mit subtilen Strukturen
überschreitend
gleitend
mit leichter Hand
Gravuren setzend.
Spiegeleffekte irrlichtern
mit dem ewigen ‚Hasch mich,
du kriegst mich nicht' -
der Sandstrand als Malgrund,
Wiederholungen des Immer-Gleichen
und Überrumpelungen
in überraschenden Variationen -
die unvorhersehbaren Synkopen.
Am Abend dominieren die Farben,
weit draußen ganze Sinfonien in Gold.
Bis das silbertönende Schlaflied
dich deinem Rhythmus übergibt.

Sintra - Palácio de Pena

Im Kern öffnet sich
ein Kreuzgang,
Teil des Klosters
aus Manuels Zeiten,
und atmet das Leichte
der Luft, die Stille
der Nabe.
Verschachtelt

und in sich gekehrt
wie ein Gehirn, das
alte Kulturen in sich
aufgesogen und ihnen
Raum geben möchte,
sich miteinander
zu verschwistern,
manuelinisches und
maurisches Erbe
vereinend, die Stile
des alten Kontinents
mit Elementen der
eroberten Länder
zu verschmelzen -
und zu verharren
in der Burgenromantik
des Knaben, der sich
eine Ritterrüstung erträumt,
ganz so, als habe er
die Geschichte von Don Quichotte
neu zu erfinden.
Auf hohen Balkonen
die Bauelemente umkreisen
und wie Wächter zu schauen
über Land und Meer,
sich zu versichern der Wälder,
die die Burg schützend
umzingeln, sie emporheben
wie ein Juwel. Bäume heben
ihre filigranen Kronen, Flechten
hängen wie schwere Bärte
über ächzenden Ästen.

Am Tor hockt überlebensgroß
ein amphibisches Zwitterwesen,
Triton und Green Man, eine Figur
verwandt denen Goyas,
furchterregender Wächter,
den Stürmen trotzend,
denn alles hier ist mit
steinernen Tauen verankert,
als wenn dies etwas bewirke.
So hockt das Ungeheuer
wie Jesse an den Wurzeln,
die von Muscheln und Korallen
umgarnt, dieses Land
repräsentieren, dessen Fühlen
amphibisch zwischen
Wurzel und Welle
schwankt.

Kreuzgänge

In den Kreuzgängen Portugals
lebt die Geschichte,
haben die Zeiten überdauert:
im gotischen Stil sprechen
die Kreuzzüge, im manuelinischen
das Zeitalter der Entdeckungen,
die Renaissance protzt
mit der Macht, der Barock mit
dem horror vacui der Talha Dourada.
Die Mauren brachten die Mosaiken,
die Kacheln, die das 19. Jahrhundert
in seinen blauweißen Geschichten
neu erfand.

Kreuzgänge –
der Gedanke der viergeteilten Welt,
die Quadratur des Kreises,
immer Ordnung und Orientierung,
das Spiel von Licht und Schatten
der Brunnen und Rosen
Orangenbäumchen -
das florale Element
unterbricht hin und wieder
die symmetrische Ordnung.

Rückflug von Frankfurt nach Stuttgart

Diese Leuchtzeichen dort unten -
Wesen aus einer anderen Welt
würden hier Botschaften vermuten,
Zeichen, die diese dunkle Welt
ihnen erklärten - und es sind doch
recht willkürliche Zeichen, Straßen-
laternen in erster Linie, die
Perlenschnüren gleichen mit
prächtigen Geschmeiden in Gold,
maximale Vergrößerungen der
von Tau benetzten Spinnennetze
an Oktobertagen - und doch faszinieren
diese Zeichen und man möchte
an eine frohe Botschaft glauben.

PORTUGAL 2017 - Wandern in der Algarve

Vicentinische Küste: Spitzenbesatz um Portugals Süden

Eine maurische Prinzessin
weinte um den ertrunkenen
Geliebten. Ihre Tränen
schufen den Spitzenbesatz
der filigranen Felsen,
so erzählt man sich.

Fels-Algarve

Horizonte der Bäume

Palmen
nach oben ausgreifend
mit Federn
als wollten sie doch mit den Wolken fliegen

üppig berstende
stachlige Igelköpfe
dieser bescheidener
ausgerüsteten Palmen

Araukarien
anknüpfend an afrikanische
Lebensbäume
scherenschnittartig
ausgebreitet
vor dem Horizont

Zypressen
wie stets
etwas von der
Todesseligkeit
der Bilder von Böcklin

Agaven –
echte Lebensbäume
eines Tages unvermutet
wächst ihnen ein Stamm,
bilden sich gefiederte
Zweige – wenn ihre Zahl
wächst, so sagt man hier,
dass Nachwuchs
im Verzug sei,
man traut ihnen mehr
als den
Störchen.

Schroff fallen die Klippen
ins Meer, abschüssige
Schrägen im zerklüfteten Karst.
Erosion schafft Felskamine,
Krater und Trichter -
bizarre Strukturen.
Höhlen werden zu
brodelnden Kesseln.
Brandungswellen
türmen ihre Gischt
zu riesigen Fontänen.

Erosion
schafft Furchen
und Spalten
ein Sich-Lösen und
wieder Verdichten –
Horizontale Schichten
ausgehöhlt von
der immerwährenden
Brandung.

Silbergraues Auflaufen
hin zum grauen Stein -
filigran ausuferndes
Schäumen
glitzernder Seide –

die Muscheln im Kalk
Verdichtungen
Verklebungen
ein lebendiges Ineinander
von dunklen und hellen
Lebensprozessen
in enger Nachbarschaft
die keinen Raum lässt
um das Einzelne
Individuelle
als solches
zu bewahren
fragil, porös
offenes Fleisch
Skelette von
Lebendem

wie damals
die Sandwand
in Skagen
die dennoch stabil
den Gezeiten
standhielt.

Wurzelwerk
dringt in den Stein
trennend
schützend
brechend
lösend –
sandiger
Humus

Horizonte:
Meer und Wolken

Am Abend
ballen sich
Wolkentürme
über dem blauen
gekräuselten Meer –
lauter Sphingen.

Wolken
diese rasch
sich wandelnden
Geister, hell
und dunkel
schieben sie sich
in- und übereinander
um wieder zu zerfließen
im verblauenden Licht
des Abends, das sich
vor dem Horizont
des Meeres verneigt.

Dattelpalmen –
soviel ausgreifende Arme
soviel schlanke Finger
ruhen über dem blauen Meer
strecken ihre Fühler
in den Horizont –
darüber das Drama
der Wolken
schon fast antik.

Das Sich-Vernetzen
von Zweigen, die unbelaubt –
noch konkurriert das Blau
der Jacaranda nicht
mit dem Spiel der sich
im HImmelsblau
aufbäumenden Wolken.

Am Abend dieses
Leuchten auf dem Meer –
winzige Noten
in Linien verwoben –
wandernde Blicke
zum Horizont –
späte Stunde
noch einmal
ein aufflammendes
Erröten – es singen die
Sphären, die farbigen
Linien auf den Wassern
berühren sich.

Serra de Monchique

Korkeichen (Quercus suber)

Uralte Korkeichen
in lichten Wäldern –
in ausladenden Gesten
kommunizieren sie miteinander.
Der Mensch fühlt sich
angesprochen, aufgehoben
getröstet, ein wenig
der eigenen Sterblichkeit
enthoben und wünscht sich
beschützt von einer Haut
wie dieser –
und insgeheim
fühlst du dich schuldig, dass
dieses ans Wunderbare
grenzende Kleid deinesgleichen
zur Ernte gereicht –
und überlebt.

Diese luftgefüllte Schicht
abgestorbener Zellen
diese porige
die Epidermis
schützende
elastische Hülle
die ein Atmen erlaubt!

Von Flechten besetzt
und von Moosen
wunderbar
verwoben
spricht diese Hülle
mich an –
dem Menschen
so ähnlich –
die gestikulierenden
Äste sich ausbreitend
sprachlos
wiederholend
die Dramen
menschlicher Existenz.

Am Wege weit oben
die Aphodelien
diese einst dem Tode
geweihten Blumen
vor den nackten
felsigen Platten
die zum Gipfel führen –
andere Landschaften
wollen erinnert werden
wie der Burren in Irland
und grau bleibt der Tag
als wolle er sich nicht
hervortun vor dem
Bruder im Norden.

Im Tal der Arade

Grau und dunstig der Tag
weich der Boden
vom Regen der Nacht –
wer hätte schon
Reisfelder vermutet
in diesem trockenen Land?
Was bewohnt war,
ist verlassen, ein Hahn
und ein paar Hennen
halten die Stellung.

Später fallen Blicke
in einen von Mauern
umfriedeten Park.
Ein Pavillon inmitten
eines künstlichen Teichs –
ein luftiger Käfig –
Gefangensein, das
Freiheit vorgibt.

Ein Stein am Boden
enthält eine Welt.
Mineralien
schaffen
Farbe und Form –
vorgeprägt ist
die Abstraktion.

Sonnengelber Ginster
aufgetragen
in expressivem
Pinselduktus
chaotisch
sich behauptend
im grauen Dunst.

Silves

Die Brücke lässt
Römisches ahnen,
darüber weiße
kubische Hausformen
rhythmisch durchbrochen
von Palmen, maurisches
Erbe oben in der Festung
aus rotem Stein –
davor in Weiß, was einst
Kirche des Bischofs,
wo das Rund der Kuppel,
die grünen Kronen
der Palmen überragt.

Im Verfall noch
wird einstiger
Wohlstand sichtbar –

Balkongitter von
berührender Schönheit,
Azulejos an Wänden,
an Türgriffen der ritterliche
Löwe, die Hand der Fatima –
altes Erbe, bewusst
oder unbewusst
bewahrt. Was wundert es
den Besucher, dass
ein Brite aus Newcastle
sich dieser Tradition
stellt! Stand nicht die Ehe
der englischen Prinzessin
mit dem portugiesischen
König am Beginn
von Portugals
Goldenem Zeitalter!

Die stark verwitterten
Kapitelle am Eingang
der alten Bischofskirche
lassen ihr figuratives
und vegetabiles
Programm gerade
noch erkennen.
Noch immer spiegelt
sich die Geschichte
in den Details
zwischen Bauten
und Vegetation.
Die orientalisch
anmutende Laterne,

die Kachel mit
dem Sternenmuster
der Mauren, die exotischen
Blüten vor altem
Mauerwerk, Gehen auf
dem Pflastermosaik
der Gassen.

Auch die Festung selbst
reflektiert die Zeiten:
Phasen des Islam
in den Grundmauern
eines Palastes, Zisternen,
um Belagerungen
zu überstehen, Höhen
und Tiefen, schließlich
das Erdbeben von
Lissabon,
das schon den jungen
Goethe erschütterte
und das auch die Algarve
heftig zerstörte.

Sagres – sacrum –
Cabo de São Vicente

am westlichsten Punkt
Europas vermutete man
das Ende der Welt –
gefürchtet und
den Göttern vorbehalten
mied man den Ort,
der zum Ausgangspunkt
einer Welteroberung wurde,
die jegliche Vorstellung
übertreffen sollte.

Portugals
Goldenes Zeitalter
nahm hier seinen Ausgang
an den hohen Klippen
dem steilen Abhang Europas.
Portugals Karavellen
eroberten von hier aus die
Welt.

Westküste (Rota Vicentina) I

das schwarze Vulkan-
gestein tritt hier
ganz offen zu Tage
hart und kantig
steht es aufrecht
in den Wogen –
Störche nisten
auf diesen Graten
wie, fragst du dich,
halten ihre Nester,
wenn der Sturm
vom Atlantik
darüberfegt?

Scharfe Kanten
harte Grate –
Weichheit des Wassers
verwandelt Stein in
schneidende Härte:
tosendes Meer,
anschwellende
Brandung.

Möwen
wie vom Sturm
gepeitschte
Zistrosen
hocken als Schwarm
verbunden

auf einem begrünten
Felsklotz mitten
in der Brandung.

Seltsame Muster
und Formen –
der riesige Körper
des schwarzen Sauriers
drängt sich ins Meer –
so entstehen Mythen.

Vulkanisches

es mischt sich
der harte Schiefer
mit den porösen
Sedimenten
Agglomerate
im Großen
wie im Kleinen
verdichtet
verkrümelt
ockergelb
und verklebt

Schichten mal horizontal
mal senkrecht
schräg, gebogen
gebeugt
verschlungen
erinnernd an die Gestik
der uralten Bäume
die ähnlich
sich krümmen
vorbehaltlos
sich veräußern

Muskelstränge
schwellende Sehnen
Auswüchse
im Stein in Jahrtausenden
sich formend
so verwandt den knorrigen
Stämmen der Bäume

Abgänge
aus jüngerer Zeit
sind zu verzeichnen
ausgeaperte
Felsmonumente
geschaffen von
den Naturgewalten.

An nebligen Tagen,
die wir nicht hatten,
müssen Felsfigurationen
zum Menschen sprechen
und Geschichten erzählen
von alten, uralten Zeiten,
bevor der Mensch kam
und hier mit der
Weite des Meeres
konfrontiert, sich
in seine Schranken
verwiesen, klein
und doch geborgen
fühlte, anmaßend zu Zeiten,
auch sich in Demut
unterwerfend.

Die Rückenfigur
eines Mannes am Fels
vor dem Abgrund
erinnert an den Maler
aus Greifswald.
Welch eine Küste für einen
Caspar David des Nordens,
der den kleinen Mönch
stellt vor das große Meer!

Doch an freundlichen,
windarmen Tagen
sonnt sich die Macchie
in ihren gepolsterten Kissen –
gedämpfte Farbigkeit
eingefasst vom Grün
verfugt vom sandigen
Grund der Dünen,
auf denen der Humus
wächst, Thymian und
Rosmarin duften,
Fenchel sich streckt,
Wacholder wuchert
und das sonnenfarbige
Gelb des Ginsters
entflammt.

Hänge im Land

hinter den Dünen
sind weiß gepunktet
von üppig sprießenden
Sträuchern: Zistrosen
wie riesige Schneeflocken
auf stachelig klebrigem Grün.

Westküste (Rota Vicentina) II

Dunkelblau grenzt das Meer
an den hellblauen Himmel.
Eine Weite, die die Krümmung
des Globus ahnen lässt.
In Ufernähe rollen Wogen
weiß und schäumend
blau durchwirkt
dem Sandstrand
aus rötlichem Ocker
entgegen, klatschen
Wellen gegen den dunklen Fels.
Oben auf den Dünen
schiebt sich ein Vorhang
aus Binsen dazwischen
und lässt alles zum Traumbild
verschwimmen.

Bordeira

Eine wüstenähnliche
Dünenlandschaft
wandert im weiten Flussdelta –
hier könnten die Araber
sich ganz zu Hause
fühlen – und dazu noch
das Wasser –
über den Klippen
die Weite des Meeres.

Carrapateira

Im Windschatten
packt uns afrikanische
Hitze an, Wüstenklima
erinnert an den Wüsten-
morgen. Im Museum
zeigt uns eine ältere Frau
auf großen Fotos
Vater und Mutter.
Wir sprechen nicht
dieselbe Sprache,
aber mit Gesten
bezeugen wir
unseren Respekt
auch vor der Armut,
aber mehr noch
vor der Würde

dieser Menschen,
die trotz Unterdrückung
menschlich geblieben.

Das Mauerwerk
in den Dörfern
enthält das geologische Erbe
in der Kultur der Bewohner.

Odeceixe

Die Landzunge
führt durch ein
sumpfiges Delta –
wieder im Schatten
des Windes,
ausgesetzt
der Mittagssonne,
nähern wir uns
dem Ort, der steil
den Hügel
hinaufwächst.
Ganz oben weiß,
eine Mühle, die längst
ihrer Funktion beraubt
und wie der Ort still
im Schlaf versinkt.

Felsenküste bei Lagos

Felsformationen,
die an Bilder Paul Klees erinnern –
Wärme in den herbstlichen
Farben von Macchie und Stein –
Pinien, die sich dem Sturm
beugen – Durchbrüche
hin zum blauen Meer.

Lagos

Ikaros oder
die Sehnsucht des Menschen
zu fliegen – Pegasus,
das geflügelte Pferd
der Musen, der Mythos
bewahrt den Traum.
Die Portugiesen
bauten die Karavelle
und verfolgten
den menschlichen Traum
auf dem Meer –
Erdumrundung:
die Scheibe wurde
zum Globus, zur Kugel.

Aus Fragmenten,
die das Meer ablegt
am Strand lassen sich
Figuren legen, die
Menschliches
auf den Punkt bringen.

Faro

In Faro endlich
blüht sie, die Jacaranda –
der duftige Traum!
Der Storch fügt sich in das Bild
ein Medaillon für Leben!

Rückflug am Abend

Die Salinen bei Faro –
eine Farbfeldabstraktion!
Dann treten wir ein
ins kosmische Blau,
ins Spiel der Wolken
wo Eisberge kalben

in einen meerblauen Himmel,
aus dem Landflächen
auftauchen, flach und grün
und im Dunst verhangen –
bis die Dämmerung
ein blau durchwirktes
Wolltuch legt
über das irdische
Schattenreich.
Erste Lichter
von ganz weit unten
erscheinen matt und müde,
als handle es sich
um den Meeresgrund –
Lichterketten –
Perlen an Spinnweben.
Der Kartoffelmond
ist nach oben gewandert.

Ingeborg Bauer

Studium der Germanistik und Anglistik. Nach dem Staatsexamen als Studienrätin tätig. Volkshochschuldozentin in Esslingen (Englische Konversationskurse mit Schwerpunkt „Englischsprachige Literatur der Gegenwart"). Freiberufliche Mitarbeit in einer Galerie für zeitgenössische Kunst, Vernissagen, Texte für Kataloge.

Veröffentlichungen u.a.:
- „Mental Maps" - Lyrik und Kurzprosa (2003)
  ISBN 3-89906-447-X   € 4,80
- „Das Blau des Himmels aber birgt den Engel" - Lyrik (2004)
  ISBN 3-899906-795-9   € 7,80
- „Traumverwandt die Schatten der Dinge" -Lyrik und essayistische Prosa (2005)
  ISBN 3-89906-597-2   € 8,80
- „Sommerschwer die Vogelbeerdolden" - Lyrik (2005)
  ISBN 3-899906-596-4   € 8,80
- „Die Melodie des Ölbaums und der Palme" – Reisen in den Maghreb" (2007)
  ISBN 978-3-8334-6807-0   € 11,80
- „Am blauen Rand Europas - Inseln im östlichen Mittelmeer" - Lyrik (2008)
  ISBN 978-3-8379-5744-4 € 11,90
- „Ägyptischer Bilderbogen - Tagebuch einer Ägyptenreise" (2009)
  ISBN 978-3-8370-8722-2   € 25,00

- „Es streift eine dunkle Flöte" (2010)
ISBN 978-3-8391-4233-2   € 14,80
- „Annette von Droste-Hülshoff - eine Annäherung" (2010)
ISBN 978-3-8391-4670-5   € 14,80
- „Von Wald, Wasser und Wind und einer bewegenden Geschichte Polen - Baltikum - St. Petersburg" (2011)
ISBN 978-3-8423-4030-5   €35,90
- „Im Bannkreis Venedigs - Venedig - Kroatien - Korfu" (2011) ISBN 978-3-8423-5850-8 € 24,90
- "Peer Gynt und das menschliche Maß - Gedanken zu einer Norwegenreise" (2012)
ISBN 978-3-8448-1092-9 €19,90
- „Spiegel innerer Räume - Lyrik zu Bildern von Paul Klee" (2012) ISBN 978-3-8448-1601-3
€ 24,90
- „Auch am Rand ist in der Mitte - eine (nicht nur) literarische Reise durch Irland" (2013)
ISBN 978-3-7322-3730-2   € 20,90
- „Von der Zeit" - Ingeborg Bauer, Lyrik Peter Magiera, Grafik (2015)
ISBN 978-3-739-224701   € 5,99
- „AugenBlicke Teil I: Augenblicke der Menschheit" (2016) - ISBN 978-3-741-29301-6   € 12,99
- „AugenBlicke Teil II: Gesicht und Auge – Porträt und Maske" (2016) - ISBN 978-3-741-29306-1
€ 9,99
- „AugenBlicke Teil III: Das Auge in der Moderne" (2016) - ISBN 978-3-741-29309-2   € 15,99
- „Doris Knapp- Stationen eines Künstlerlebens (2017) - ISBN: 978-3-7448-8359-7   €6,99